p.4	내가 갈 길은?
p.8	시작은 낭만
p.12	창작의 마중물
p.16	넘치지는 않지만 그렇다고 마르지도 않아서
p.19	출판사가 어려운 이유? '증'이 두 개라서
p.22	이제부터 진짜 버티기
p.26	'뭐든' 하지는 않을래
p.30	그래도 '뭐든' 해야지
p.33	그래서, 내가 갈 길은?

2018년 인생 첫 출판 계약을 하고
2019년 런던 여행기를 전자책으로 출간했지만
종이 책 출간 작가가 되고 싶다는 꿈을 접을 수 없어
2020년 말 독립출판에 도전해
2021년 첫 책과 더불어 세 번째 책까지 직접 지었다.

2022년 각종 북페어에 얼굴을 들이밀기 시작했고
2023년 네 번째 책과 출판사 신고증을 손에 쥐고
2024년 다양한 창작 및 출판 세계를 향해
마포구 출판문화진흥센터에 입주했다.
그런데...

내가 갈 길은?

'이제부터 진짜 어떡하지?'

독립출판 활동을 시작한 지 어연 3년. 내 손으로 만든 책이 총 4권. 조금 더 제대로 해보겠다며 출판사 신고도 하고 작업실 계약까지 마쳤는데 여전히 미래가 안 보인다. 앞으로 어떡하지?

사실 갑자기 이런 고민에 빠진 것은 아니다. 고민은 매 순간 있었다. 여러 번에 걸쳐 작은 산들을 지나며 주저앉다가 힘내어 탐색하기를 반복했다. 인쇄 워크숍도 찾아가고, 저작권 강의도 들어보고. 그렇게 한바퀴 쭉 돌았는데도 별다른 방향이 보이지 않으면 어떻게 해야 하는 걸까?… 이번에야말로 청사진이든 대책이든 무조건 마련해야 할 것같다. 물 아래 잠겨 있던 염려가 수면 위로, 완벽히, 단단하게 떠오른 느낌이다.

아마 이제부터 진짜 어떡하면 좋을지 제대로 걱정하게 된 계기는 '마포출판문화진흥센터 입주'일 것이다. 올해 7월, 서류 심사와 대면 면접을 통과해 무려 집에서 1시간 30분 거리에 있는 서울 마포구 한 곳에 100cm 남짓한 전용 책상을 마련했다. 본격적으로 해 볼 심산이었다. 소중한 내 자리 아껴 주겠다며 뜨겁고 축축한 장마 기간 동안에도 바지런히 필요 물품을 가져다 나르고, 끼니 고민을 해결해줄 주변 밥집 몇 곳도 선별했다. 향후 출판 계획도 세워야 했지만 역대급 더위에 무언가를 제대로 생각할 정신이 없어서 날이 시원해지면 그때 생각하기로 했다.

한여름의 습도가 눈에 띌 정도로 낮아진 어느날, 정신이 번쩍 들면서 덜컥 겁이 났다. 어떡하지. 이제 무슨 책을 만들지. 다들 무엇을 만들고 있지. 묵혀둔 아이디어 뭐 없나. 돈이 얼마 남았지. 제작비로 얼마를 쓸 수 있지. 번역 일이 많지 않네. 생활비는 괜찮은 건가. 아니, 그래서 무슨 책을 만들지. 만들면 팔리나. 잠깐, 책 팔아서 살 수는 있나?

일은 일대로 벌여 놓고 무슨 책을 어떻게 만들어야 할지 책 팔아서 살 수 있을지 모르겠다니. 일단 책을 왜 만들고 싶은지 생각해보기로 했다. 음. 그냥 내 이야기가 하고 싶다. 그렇다. 나는 제 멋에 취해 제 책이나 만들고 싶은 책 장수다. 사회적 문제를 들쑤시고 좋은 가치를 이야기하며 세상을 바꾸겠다는 비장한 마음으로 책을 만들지 않았고 그럴 생각도… 없다.

얼마 전에 책만 만들고 팔아선 먹고살 수 없음을 다시금 깨달았기 때문에 이제부터 어떡하냐고 호들갑을 떨게 된 것도 있을 것이다. 이런 내 당돌함을 지탱해 주던 본업의 상황도 녹록치 않아졌기 때문이다.

본업 없이 출판하는 건 위험한 일일까? 각 서점과 유통 업체가 보내준 정산 내역을 뒤져 보았다. 서점에서 책 한 권이 팔리면 위탁 판매 계약 시 설정한 공급률에 따라 대략 몇 천 몇 백원이 나에게 떨어진다. 그 몇 천 몇 백원이 최소 5번은 들어와야 교촌치킨의 레허순살반반을 먹을 수 있는데 이런 일은 슬프게도 몇 달에 1번 일어난다*. 이런 일이 빈번히 일어나려면 많은 곳에 책이 입고돼 있어야 하고 무엇보다 내 책이 팔리는 책이어야 한다. 그에 반해 문서 1건을 번역하면 3시간 안에 아웃백 투움바 런치 세트를 먹을 수 있다**. 그렇다. 책만 팔면 자주 배를 곯아야 한다.

센터에 입주했다고 대단한 출판인이 된 줄 착각했다. '이야기를 하고 싶다'는 내면의 욕망만 좇느라 현실을 제대로 보지 않은 것 같다는 걱정과 불안이 엄습했다. 번역(내 본업이다), 독립출판, 출판사. 내 안에서 무척 조화로웠던 세 단어의 합이 한순간에 이질적인 것이 되었다. 내 생계의 근간은 그동안의 독립출판이 아닌데, 뒷배가 되어 주던 본업은 녹록치 않아졌고, 갈수록 독서 인구는 줄어 드는 데다 심심하다고 서점에 가는 일을 신기하게 보는 요즘 세상에 출판을 하겠다고 '출판' '진흥' '센터'에 입주를 했으니. 이제부터 어떡하냐는 질문이 입밖으로 절로 튀어나온 것일지도.

답답한 마음에 서점을 찾았다(그 와중에 또 서점을 가다니 지독하다). 매대를 꽉꽉 채운 책들을 보니 여전히 쓰겠다는 사람도 책 내겠다는 출판사들도 많아 보인다. 만듦새도 좋고, 글도 유려하다.

겁도 없이 창작 전쟁에 들어섰다는 생각에 휩싸였다.

---

* 출시일이 오래된 책이라면 빈도가 더 줄어든다.
** 번역 내용과 양에 따라 달라지며 교촌 레허순살반반과 투움바 런치는 대략 가격이 비슷하다.

나의 독립출판은 지속될 수 있을까

시작은 낭만

'내 이름으로 된 책을 내는 일.'

자기 이름이 박힌 책이 세상에 나오는 일을 말할 때 위와 같이 쓰곤 한다. 이 표현이 문법적으로 허용되는 건지 모르겠다. 뒤집으면 '책이 내 이름으로 된다'는 것인데, 이렇게 보니 영 어색하다. 하지만 영 어색한 이 말에 내 가슴은 멈출 줄 모르고 두근거렸다. 나는 남몰래 오래도록 작가를 꿈꾸고 있었다.

독립출판에 대해 처음 알게 된 건 2020년쯤이었다. 어쩌다 알게 되었는지는 도무지 기억이 안 난다. 코로나19 대유행 시절이라서 집에서 할 수 있는 생산적인 것을 찾다가 알고리즘을 통해 온라인 글쓰기 강의가 열린다는 걸, 그 강사가 유명 독립 서점과 연계돼 있다는 것을 알게 되면서 접했을 것이다. 혹은 인스타그램을 들여다보다가 어떤 서점에서 인원 제한 원칙에 따라 인기 작가의 북토크가 열린다는 걸 알게 되고, 그 서점을 팔로우하면서 '독립출판물'을 취급하는 곳이 따로 있다는 사실을 알게 되었던 것도 같다. 추측일 뿐이다. 이후 그런 서점들의 게시물을 통해 이 세상에는 획기적이고 재밌는 기록물이 많다는 사실을 알게 되고, 호기심이 생겼을 것이다. 그렇게 독립출판 주변을 배회하다가 나의 꿈, '내 이름으로 된 책 내는 일'을 미루지 말자는 결심을 하고 독립출판 4주 수업을 들었던 것 같다.

앞에서 말했듯 나는 유년 시절부터 작가가 되고 싶다는 꿈을 가지고 있었다. 20대 후반에는 강남 교보문고의 자기계발 매대에 있던 책 한 권을 읽고 남몰래 책 쓰기 수업에 대해 알아본 적도 있다. 1인 기업이라는 개념이 생겨나고, '내 책 쓰기' 열풍이 빙산의 일각 수준에도 미치지 못하던 시절이었지만 평소 책 읽기와 글쓰기를 좋아하던 나는 그 희미한 열풍의 조각을 놓치지 않았다. 성공하고 싶다면 자기 책을 써야 한다는 어느 작가의 책을 단숨에 읽은 뒤, 나도 대형 서점의 매대 위에 내 이름으로 된 책을 올리는 일을 열망했다. 저자는 자기 이름이 적힌 책을 출판하고 난 뒤 삶이 180도 바뀌었다고 설명했다[*]. 나도 그녀처럼 달라지고 싶었다. 삶을 전환하길 원했다.

그녀가 코치로 활동하고 있다는 책 쓰기 클럽의 네이버 카페에 가입했다. 수업 상담을 신청했는데, 이 클럽의 책 쓰기 수업을 들으려면 총 1천만 원의 수강료가 필요하다고 했다. 잠깐, 내가 0의 개수를 잘못 센 게 아니겠지? 일, 십, 백, 천… 너무 놀라고 어이가 없어서 내가 읽었던 책의 저자에게 직접 메시지를 보내 따로 물어봤다. 진짜 저 수강료를 내야 하는 것이고 그쪽은 실제로 저 돈을 내고 작가로 데뷔한 거냐고. 오래 전이라 정확한 답변이 기억나지 않지만 이 클럽은 당신을 진정한 작가가 되는 길로 이끌어줄 곳이라 이 정도의 수강료는 감안할 만한 것이라는 식의 답변이 돌아왔다. 나는 꿈은 이루고 싶어도 1천만 원의 수강료를 낼 깡은 없는 사람이었다. 더불어 실망스러웠다. 멋있다고 생각했던 사람의 근본이 장사꾼이었다는 생각이 들어서 그랬던 것 같다. 그럼에도 며칠을 머뭇댔

---
[*] 솔직히, 이런 자기계발서라면 나도 쓸 수 있겠다는 자신감도 얻었던 것 같다.

나의 독립출판은 지속될 수 있을까

고, 결국 그녀의 책을 종이 수거함에 넣었다.

출판사 편집자가 알려주는 책 쓰기 기술 책도 읽었던 적이 있다. 실제 출판사 편집자인 저자가 수백 통에 달하는 투고 메일 중에서 어떤 것을 짬 내어 챙겨 보는지 알려 주었는데, 속절없이 기회의 문을 두드려야 하는 현실을 글자로 읽고 마음이 답답해졌다. '나는 내 이야기를 너무 하고 싶은데, 평생 내 맘 같은 출판사를 찾지 못할 수도 있겠구나'. 인정했다. 엄밀히 내 책을 내고 싶은 사람은, 나뿐이다.

작가 데뷔를 도와주겠다는 곳을 찾아냈지만 수고비로 줄 돈이 없고, 투고를 하면 100번에 1번은 답신을 받을 수 있다지만 그마저도 출간된다는 보장이 없다. 기약 없는 일에 시간을 낭비하고 싶지 않았다. 그럼에도 '지은이'가 되고 싶었다. 나의 것을 펼쳐 보고 싶다는 마음이 사그라지지 않았다.

이런 마음을 간직한 채 어느 날 만난 독립출판은 내게 무엇이든 해봐도 좋다고 말했다. 책이 작고 얇아도, 평범한 여행의 이야기일지라도 좋다고 말했다. 이런 나에게는 어떤 도전도 받아들여 주는 독립출판이 어울리는지도 모른다. 그래, 나는 애초에 독립출판과 엮일 운명이었을지도.

그렇다고 과정이 쉽지는 않았다. 원고만 쓰면 어떻게든 될 줄 알았는데, 내지부터 표지, 폰트 종류와 크기, 줄 간격, 문서 여백, 종이 종류와 무게 등 세세하게 챙겨야 할 것이 무척 많았다. 사실 독립출판은 작가를 넘어 제조자가 되는 일에 가깝다. 하지만 미지의 영역이었기에 더욱 즐거웠으리라. 처

---

* 지금은 정말 작가로 살고 싶다면 자기 작품의 시장성을 테스트하기 위해 투고를 고려해야 한다는 사실을 인정한다.

음 가제본을 만들어 본 일이 기억난다. 인쇄비가 은근히 비싸 당황했는데, 비교적 저렴하게 소량 인쇄를 해주는 곳일지라도 최소 8천 원에서 1만 원은 주어야 하니 직접 보고 싶다고 두세 번 뽑으니 손쉽게 3만 원 가량이 없어졌다. 그래도 직접 만든 첫 책을 손에 쥐었을 땐 형용할 수 없는 기분에 휩싸였다. 충무로 한복판에 서서 손에 들린 가제본의 여기저기를 매만졌다. 신기하고 재밌었고, 빨리 같은 수업을 듣는 사람들에게 가져가 보여 주고 싶었다. 독립 서점 한쪽에 자리 잡게 될 나의 책이 더없이 사랑스러워 보였다. 마침 지인이 출판사의 제의를 받고 책을 냈던 터라 배가 뒤틀리듯 아파 잠 못 이루던 게 하루 이틀이 아니었는데, 시기로 인한 두통도 질투로 인한 복통도 점점 사라지는 것 같았다[*].

그렇게 내 이름을 단 첫 종이책 300권이 2021년 4월에 태어났다. 이제야 밝히지만, 나의 첫 책은 내가 파일을 잘못 넘기는 바람에 같은 값을 두 번 지불해서 태어난 책이다. 잘못 인쇄된 책 150권을 매일 같이 분리수거장에 내다 버렸던 아픈 기억이 있다. 내 책 내가 내겠다고 약 150만 원이라는 적지 않은 돈을 한꺼번에 써야 했지만, 나보고 1천만 원의 투자를 아까워하면 큰일을 못한다던 그 여자를 찾아 말하고 싶었다.

이것 봐요. 1천만 원까지는 필요 없잖아요.

---

[*] 3년쯤 되니 이 두통과 복통은 만성으로 자리하고 있다.

창작의 마중물

결국 1년에 책 3권을 냈다. 독립출판이라 가능한 일이었다[*].

첫 책은 <번역가로 지내는 중입니다>라는 제목의 에세이로 본업에 관해 썼다. 프리랜서 번역가로 자리를 잡은 지 약 4년 정도 되었을 때 집필했다.

나는 은근히 이래라저래라 훈수 놓는 걸 좋아하나 보다. 번역 지망생들이 자주 하는 질문에 대한 답변, 프리랜서를 향한 인식 개선 필요 설파, 실제 번역하는 삶의 모습 등을 글로 엮어 '내 생각에 번역가는 이런 직업 같다' 정도로 말하는 것이 목적이었는데, 자평하자면 약간 으스대는 느낌의 에세이가 탄생해 버렸다. 과장하여 말한 부분도 없지 않은 것 같고. 어쨌든 베일에 쌓인 번역가의 현실 이야기에 많은 이들이 호응해 주었다. 첫 책의 반응은 내 생각 이상으로 괜찮았다.

요리 초보가 김치찌개 만들기에 성공하면 된장찌개도 끓여 보고 싶듯, 책 한 권을 만들어 내놓아 보니 용기가 솟았다. 또 다른 책을 만들고 싶었고, 작가로서의 꿈을 더 펼치고 싶었다. 내 꿈을 받쳐 줄 출판사를 찾을 필요도 없었다. 나는 이제 세네카 계산도 할 줄 알고, 인쇄도 맡길 줄 안다구!

---

[*] 그렇다. 1년에 책을 3권 내고 싶다면 독립출판을 적극 권한다.

약 6개월 뒤, 두 번째 책을 만들었다. 처음으로 하루짜리 북페어에 참여하게 되어서 겸사겸사 들고 나가면 어떨까 하여 만들게 된 책이었다. 당시는 코로나19 때문에 자유로운 해외여행을 가능하기가 무척 힘들 때였고 때마침 #throwback이란 해시태그와 함께 코로나 이전 시절을 추억하는 인스타 게시물이 유행해서, 프리팬데믹 시절을 담은 기록물을 만들면 사람들의 반응을 얻을 수 있을 것 같다는 생각이 들었다. 여느 트래블 매거진처럼 맨 앞장에 작가이자 편집자인 나의 글 한 편을 싣고, 몇몇 사진 옆에 해당 사진을 향한 나의 감상을 두세 문장으로 남겼다. 아무래도 사진집이라 전체 컬러 인쇄를 해야 해서 겨우 40권 만드는 데 첫 책의 인쇄 비용 전체를 지불해야 했지만 뿜어져 나오는 창작의 샘물줄기를 막을 수 없었다. 이것은 만들어야 하는 것이었다.

사진집도 완성됐겠다, 이번에는 들뜬 마음 안고 북페어 준비에 나섰다. 하지만 완벽히 처음 나가 보는 행사에 책을 얼마나 챙겨야 할지 가늠되지 않았다. 공예 관련 일을 하던 언니에게 책이 얼마나 팔릴 것 같냐고 물어보았는데(내 주변에는 비슷한 일을 하는 창작자가 전무했다) 그 언니는 최소 20권은 팔 것 같다고 답했다. 그런가. 그렇지만 아무리 생각해도 그건 너무 많은 것 같아 10권만 가져가기로 했다. 처음 나가는 거니까 모자라서 못 파는 일이 생기더라도 경험이라 여기지, 뭐. 그렇게 직업 에세이 10권, 사진집 5권을 들고 광화문으로 나갔다. 판매 결과는? 직업 에세이는 5권, 사진집은 겨우 1권.

책이 이렇게 안 팔리는 거구나! 집에 돌아가는 동안 충격에 휩싸였다. 나는 내가 책을 많이 사는 사람이라서 책이 안 팔리는 물건이란 인식이 없었다. 집에 쌓인 재고와 얼마 전 지불한 컬러 인쇄 비용을 생각하니 앞이 캄캄해졌다. 남은 사진집은 40권이나 되는데 판 것은 1권뿐이라니. 이것들을 언제 다 팔아서 언제 통장 잔고를 메꾼담?

하지만 걱정도 잠시, 첫 북페어에서 느낀 기분 좋은 자극이 가슴 속에서 피어올랐다. 내가 손수 만든 책이 눈앞에서 팔리는 생경한 감각은 꽤 중독적인 것이었다. 멋있다, 대단하다, 신기하다 등으로 귀결되는 관객들의 감탄사는 내 자존감을 충전하는 데 더할 나위 없었다. 게다가 앞에, 옆에, 뒤에 있는 사람들 모두가 나와 비슷한 작업을 하는 사람들이라는 사실이, 특이하고 재밌는 것들을 만들 줄 아는 사람들과 함께 창작자로 소개됐다는 사실이 어떤 자부심을 가지게 했다. 북페어는 요상한 맛이 혼재한 곳이었다.

이날 느꼈던 오묘한 감정을 따라 나는 내 안에 있는 작가적 영혼을 불태우기로 했다. 책은 만드는 재미가 있는 것이었고, 내 아이디어에 감탄하는 독자들의 반응은 추진력을 더하기에 충분했다. 갑자기 새로운 책 아이디어가 샘솟았다. 이걸 만들어 보면 어떨까? 이런 주제에 대해 써 보는 건 어떨까? 맙소사, 만들어 보고 싶은 책은 많은데 시간이 없네!

그렇게 세 번째 책이 탄생했다. 본업이 바빠지면서 창작 욕구를 잠시 억눌러야 했고, 꽤 유명하다는 북페어에 참여자로 선정된 상황이 도화선이었다[*]. 세 번째 책은 프리랜서의 일상을 무거우면서도 가볍게 풀어낸 책으로, 출판 번역을 하던 때의 답답한 마음을 토로한 것이다. 오래도록 바라왔던 책 번역 일을 얻게 되어서 이걸 잘 해내고 싶은데 번역을 하면 할

---

[*] 아는 사람은 알 것이다. 창작과 북페어는 뗄레야 뗄 수 없다.

수록 못난 내 실력이 드러나서 내 자신이 싫었다. 못난 실력을 어떻게든 감추어야 하니까 종일 컴퓨터 앞에 앉아 번역을 해도 시간이 모자라는데, 지인들에게 추석 전에 보자 추석 후에 보자 한글날 연휴 전에 보자, 아무튼 맨날 보자고 연락이 왔다. 에둘러 거절했지만 몇몇 눈치 없는 친구들이 기어이 약속을 잡겠다고 들이밀어서 결국 방어 기제를 풀(full)로 가동하고 말았다. 누가 '요즘 어떻게 지내?'라고 안부만 물었는데 '나 요즘 맨날 야근하고 주말에는 원고 검토하느라 미안하지만 만날 시간이 없을 듯해'라고 대답해 버린 것이다.

나에게 있어 '주저앉은 나를 살리는 방식'은 글을 쓰는 것이다. 그런데 이제는 글쓰기에서 나아가 직접 인쇄하는 방법까지 알게 되었으니, 곪고 곪아 버린 속마음을 물리적으로 꺼내 보고 싶었다. 독립출판은 책을 만들어 파는 사업이 아니라 나를 표현하는 새로운 수단으로서의 의미가 컸다*. 그렇게 나는 활동을 시작한 지 1년 만에 저서 3권을 가진 작가가 되었다.

생애 두 번째 페어에 총 3권의 책을 들고나온 날 보고 일부 작가들은 놀라움을 금치 못했다. 1년에 1권 만드는 것도 쉽지 않은데 어떻게 처음 시작한 사람이 3권을 해 왔냐면서. 한 구석에 잠들어 있던 창작 욕구가 독립출판이라는 마중물을 만나 한 번 솟구치기 시작하니 걷잡을 수 없이 튀어 올랐다. 자기표현 욕구가 높은 나에게 잘 맞는 것 같았다.

나는 여전히 할 말이 많았다. 그리고 영원히 넘쳐날 것으로 생각했다.

---

*   그렇지만 본인의 출판사가 민음사에 준하는 회사가 아니라면 파는 활동에 적극 참여해야 한다.

나의 독립출판은 지속될 수 있을까

넘치지는 않지만 그렇다고 마르지도 않아서

    내가 착각했는지도 모른다. 소수의 사람에게 창작자로 인정받았고, 창작 과정에서 살아 있음을 느낀 것까진 좋았다. 하지만 3권을 완성한 이후의 시간은 낭만이 아닌 현실의 영역이었다.

    독립출판을 시작한다면 작가로서 얼굴을 드러내는 시간은 겨우 한두 달 정도일 것이다. 북페어는 최소 하루부터 최대 5일간 진행되며, 입고 활동, 강연 및 북토크 진행 등 작가로서 할 수 있는 외부 일정을 모두 합쳐도 1년 중 며칠밖에 되지 않는다. 평범한 일상에 섞여 자발적 작가로 살아가는 날들이 훨씬 많다*. 사람들은 내가 출간 작가인지 아닌지 모른다. 나는 내 이름 찍힌 책 박스 몇 개를 방 한쪽에 안고 사는 사람일 뿐이다.

    나는 유명하지 않다. 그저 말하기를 좋아하는 우주 속의 먼지일 뿐. 책도 유명해야 팔린다. 유명하면 초판 부수 정도의 독자는 확보할 가능성이 높으니까. 유명하지도 않은데 글솜씨마저 적당하면 책을 팔기 어렵다. 아니면 인기가 있든가. 나는 유명하지도 않고 인기도 없는데 덜컥 책을 3권이나 냈다. 책을 내고 싶다는 순진한 마음을 따른 결과였다. 첫 책을 낸 기쁨과 북페어의 시끌벅적함을 넘어오니 남은 것은 고요뿐. 각기

---
* 사람마다 다르겠지만.

다른 3권을 보관한 박스를 보며 마음이 심란해졌다.

독립출판을 하고 작가가 된다고 해서 삶이 확 달라지지는 않는다. 달라진 작가가 있다면 그는 현재 유명하거나 여전히 인기 있는 작가일 것이다. 양쪽에도 속하지 않는 사람은 언젠가 책을 만드는 재미에서 나오게 된다. 그냥 내 책 한 권 낸 것으로 만족해서 그럴 수도 있고, 두 번째 책부터 별다른 호응을 얻지 못해서 그럴 수도 있고, 책을 내고 싶긴 하지만 좋은 아이디어가 없어 그럴 수도 있고.

책이 마구 팔리지 않아서 그럴 수도 있다. 그나마 북페어에 나가야 책을 좀 팔 수 있는데, 신청서를 쓰고 주최 측의 선택을 받아야 하는 데다 참가비도 내야 한다. 서점 위탁 판매도 신청하는 족족 성사되는 것도 아니고, 재입고 주기에도 반드시 정체기가 찾아온다. 뭐든 메아리가 있어야 더 즐거운 법인데 말이다.

간직하고 있던 아이디어를 불도저처럼 쏟아낸 것은 좋았다. 하지만 새롭게 만든 두 번째 및 세 번째 책들이 의외로 크게 환영받지 못해 당황스러웠다. 첫 작인 직업 에세이만큼 관심을 받을 수 있을 거라 생각했지만 입고 요청을 보내도 많은 곳이 묵묵부답이었다. '번역가 이야기'는 흥미롭지만 차고 넘치는 여행 사진집이나 프리랜서 이야기는 구미가 당기지 않았을 거라 생각해볼 뿐이다.

앞으로도 내가 쓴 글을 책으로 만들어 팔아보고 싶은 마음은 여전한데, 더 이상 색다른 글감이 떠오르지 않는 것도 같았다. 만일 내가 직접 만든 책이 총 3권이나 된다면 나에게

출판 작업을 향한 열정이 있다는 뜻으로 생각하고 출판사 신고를 하겠다 다짐했지만 막상 아이디어가 불같이 떨어지지 않으니 여기서 더 나아갈지 말지 결정하기가 더더욱 어려워졌다. 그사이 독립출판 서점에는 갖가지 기발한 독립출판물들이 매일 같이 입고되었고, 다짐과 달리 마음은 초조해졌다.

다 팔지도 못한 이 책들을 뒤로 하고 또 책을 쓰는 것이 맞을까. 나는 책을 쓰고 싶긴 한 걸까? 무슨 책을 쓰고 싶지? 무슨 책을 '써야' 하지? 이제부터는 어떻게 해야 하지?

오랜 고민 끝에 <내가 사랑한 화요일>을 집필하기로 했다. 화요일마다 만나고 있던 상담 선생님과의 대화를 나의 시선에서 기록해 보기로 한 것이다. 마침 상담을 받으며 느낀 마음을 잊는 것이 싫어 메모장에 적어둔 글이 꽤 있던 상황인지라 한 번만 더 '일단 해 보기로' 했다.

그렇게 만든 책이, 향후 본격적인 출판사 신고를 하도록 만들어줄 줄 누가 알았을까. 아마 이 네 번째 책을 만들겠다는 결심을 통해 낭만에서 현실로 넘어가기를 자처한 걸지도 모른다. 쓸 것이 있어서 쓰는 태도에서 벗어나 쓸 것을 찾아 쓰기로 결심한 것이기에.

또 '그냥 하는 것'을 넘어 '잘하는' 사람이 되어야겠다는 생각이 들었다. 그래야 살아남을 수 있을 것 같았다. 다만 이 이상 무엇을, 어떻게 잘해야 좋을지 고민이 되었다. 어쨌거나 저쨌거나 독립 출판의 연은 아직 끊어지지 않은 상태였다.

출판이 어려운 이유? '증'이 두 개라서

　나도 내가 왜 그러는지 잘 모르겠지만 가끔 급하게 일을 처리하려 들 때가 있다. 가령 아무 생각 없이 있다가 북페어 날짜가 가까워지면 그제서야 뭐라도 만들어 볼까 싶어 급하게 글을 쓴다. 여유롭게 교정 및 교열을 보지도 못하고 후루룩 내지와 표지를 디자인한다. 가제본 안 보고 인쇄를 진행할 정도로 대범하지는 못해서 어찌어찌 인쇄를 신청한 뒤 [배송 조회] 페이지를 매일 쳐다본다. 북페어 하루 전날까지 이미칠 것 같은 과정을 반복하며 힘들어한다. 나에게 묻고 싶다, **대체 왜 그래?**

　나는 내 손으로 책 3권을 만들면 본격적으로 출판업을 해보겠다고 다짐했다. 그러므로, 상담실에서의 대화와 성찰을 담은 4번째 책 <내가 사랑한 화요일>은 출판사 신고를 마친 뒤 발행 정보 면에 ISBN과 출판사 이름을 기재하여 북페어 장소에서 "멋지게" 공개할 계획이었다. 지금 생각하면 어이가 없다. 원고도 다 못 쓴 상황에 어떻게 그런 생각을 했을까? 출판사 신고는 직접 시청 혹은 구청에 찾아가서 해야 한다. 신고증이 바로 발급되지 않으니 약 이틀 뒤 또 시간을 내어 시청 혹은 구청을 찾아가 '출판사 신고 확인증'이란 걸 받아와야 하는 아주 귀찮은 일이다. 또 이 땅에 사(社)를 설립했다는 이유로 나라에 면허세 27,000원을 납부해야 한다. 그것도, 매년.

게다가 개인사업자 신고를 통해 사업자등록증까지 발급받아야 출판한 책으로 얻은 판매 대금을 신고하고 정산받을 수 있다. 즉, 출판사를 하려면 '증'을 두 개 받아야 하는데 새 책의 원고를 미완성한 상태에서 출판사 신고에 사업자 신고까지 급하게 하려고 보니 몸이 두 개가 아닌 이상 일정을 맞출 수 없었다. 북페어에 맞춰 내가 하려 했던 "멋진 계획" 공개는 애초에 불가했던 것이다.

결국 <내가 사랑한 화요일>은 ISBN도 출판사 이름도 없는 상태로 단 20권을 인쇄해 가져갔다. 북페어 하루 전날 있었던 번역 특강 자리에서 갑작스러운 판매 제안으로 절반을 소진해 버리는 바람에 실제 행사에서는 10권만 선보이게 되었지만, 이 또한 3일에 걸쳐 전부 판매했다[*]. 무척 기뻤다. 팔로워 1천 명도 안 되는 내 인스타 피드를 보고 책이 궁금해 찾아왔다는 손님과, 행사 당일 이 책을 우연히 본 뒤 자꾸만 생각나서 가고 싶다는 손님도 있었다. 뜻하던 형태로 제작하지 못했고 많이 판 것도 아니었지만 나라는 작가 한 명의 세계가 필요한 이들에게 가닿고 있을지 모른다는 생각이 들면서, 미리 출판사 신고를 하지 않은 것이 더더욱 아쉬워졌다[**]. 행사를 마친 뒤 반드시 출판사 신고를 해서 출판을 이어가겠다는 다짐을 굳히기로 작정했다.

독립출판 활동은 내가 예전에 하던 교육업과 비슷하다. 꾸준하다 못해 지루한 일상을 보내고—버티고—이어가야 하고, 커다란 답답함 속에서 소소한 기쁨을 누린다. 그러다 어느 풍경에, 어느 하루에, 어느 한마디에 마음이 번쩍 일렁이면서 그동안의 지루함과 답답함이 해소된다. 반복되는 하루가 지

---

[*] 3일에 걸쳐 10권이다. 그래도 책 팔려면 북페어에 꼭 나가야 한다.
[**] '제대로' 준비했으면 좋았을 걸 하는 후회가 들어서 그랬나 보다.

겹다가도 제자들이 건넨 귀여운 한두 마디에 마음이 스르르 녹아내리고 마는 것처럼. 200팀 가까이 참여한 대규모 행사에서 책이 너무 안 팔려 속상하다가도 내 책을 보려고 여기에 왔다 수줍게 말해주는 독자 한 명의 말에 마음이 풀린다. 쌓인 재고를 보며 답답한 미래에 하염없이 눈물을 흘리다가도 불쑥 재입고 요청이 들어오면 헐레벌떡 짐을 싸며 실실 웃는다. 그래 이 맛에 하지, 이 맛에 하지!

겨우 신간 10권 판매에 성공했다고 출판하는 맛에 취해 버린 걸까. 북페어를 마치고 약 한 달 뒤, 결국 출판사 신고를 하러 시청을 찾았다. 마음이 결코 가볍지는 않았다. 일을 본격적으로 벌이는 것과 다름없으니까. 개인 종합소득세 신고도 귀찮고 어려운데 사업장 신고는 얼마나 더 어려울지. 성가신 일이 늘어날 뿐일 테지만, 지금 하지 않으면 안 될 것 같다는 직감을 따르기로 했다. 이건 나 자신에게 앞으로 나아가자는 선언을 하는 것과 마찬가지였다.

그때는 맞고 지금은 틀리다고 했던가. 돌이켜 보면 두 달만 참을 걸 그랬다. 왜 그놈의 성질을 못 이겨서 11월에 신고해 면허세 내고 새해 1월에 또 면허세를 냈는지 몰라. 뭐, 그래도 좋았다. 해냈다는 성취감이 나를 기쁘게 했다. 비로소 출발선에 바로 선 것만 같았다.

이제부터 진짜 버티기

많은 것들이 기계화되면서 본업 상황이 나빠졌다. 내 삶의 가장 주된 것에서 진전이 나지 않자 마음의 여유가 조금씩 색을 잃어갔다.

8년째 프리랜서로 살아도* 스트레스에 취약한 나는 매일 같이 어떻게 하면 좋을지 발을 동동 굴렀다. 새로운 작업을 찾아 다시 구직 활동을 했지만 실망감만 돌려받는 상황이 이어졌다. 협력자인 것처럼 말하더니 상황이 안 좋아지자 바로 외부자 취급을 하는 일부 거래처에 화가 나기도 했다. 생활비가 급한 것은 맞지만 낮은 임금과 실망스러운 상황에 내 소중한 마음과 시간을 저당 잡히고 싶지 않았다. 이럴 바엔 차라리 독립출판을 하는 데 집중하는 것이 낫겠어. 그런데, 어떻게? 글은 내가 써야 하고 책은 내 돈으로 만들어야 하는데… 외부 활동을 늘려 볼까 싶었지만 북토크도, 글쓰기 수업도, 독서 모임도 누군가의 제의나 선택이 있어야 할 수 있는 것이니 당장 이 상황을 타파하고 싶은 마음에는 큰 도움이 되지 못했다. 혼란한 기분을 가다듬으려 내가 진정으로 원하는 것은 무엇이고 하고 싶은 것이 무엇인지 스스로에게 질문했지만 확실하게 답을 할 수 없었다. 그냥, 이전과 같은 상황을 돌려받고 싶을 뿐이었다.

---

* '자유롭게 일한다'는 것은 상황의 유연함도 너그러이 받아들일 줄 알아야 한다는 무언의 책임감이 스며들어 있는 듯하다.

이전과 같은 상황이라 함은 독립출판을 향한 열정을 유지하면서 북페어 참여 기간 외의 시간에는 본업을 통해 생활비와 적당한 제작비를 벌고 다음 책을 신나게 구상하며 때때로 여행을 즐기는 삶이었다. 나는 번역과 출판이 균형을 이룬 그 삶이 좋았다. 하얀 도화지가 서서히 수채화 물감에 물들어가듯 재미와 도전으로 시작한 독립출판은 어느새 내 일상을 가득 채우는 요소가 되었으니까. 이제는 번역과 출판을 오가는 삶이 일상이 되고 말았는데, 본업에 위기가 닥치니 무척 당황스러웠다. 어쨌든 대책을 찾고 싶다면 현재 상황부터 점검해야 하는 법. 은행 앱을 켜고 그동안 책을 팔아 번 돈만 모아 둔 통장의 잔고를 확인했다. 여기 있는 돈은 북페어 참가비나 디지털 인쇄비, 사소한 물품 구입비로만 사용하고 가급적 생활비로는 건드리지 않았었는데, 남은 돈은 이백만 원 남짓, 한 달 먹고 지낼 것뿐이었다.

　　　독립출판은 본업 혹은 부업이 없으면 어렵겠구나. 책 팔아 모아 둔 돈이 진짜 이것뿐인가? 이제 보니 알바를 뛰든 강의를 뛰든 독립출판 작가 중 무언가를 곁다리로 안 하는 사람이 없다. 나는 책으로만 돈 버는 건 쉽지 않다는 걸, 내 모든 출판 활동의 밑바탕에는 번역이라는 본업이 있었다는 사실을 다시금 깨우쳤다[*].

　　　독립출판이라는 낭만을 계속 누려도 좋을지 의문이 들었다. 내 일을 하면서 출판하는 것과 내 책을 쓰려고 다른 일에 매달리는 삶은 완벽하게 다르다. 머릿속에서 물음표가 떠나지 않았다. 출판사 신고에 사업자 등록까지, 할 수 있는 것은 다 한 것 같은데 이 이상 무엇을 어떻게 해야 하는 걸까? 다들 나

---

[*]　　　수입과 지출이 뒤섞인 당시의 '현재 잔고'였다. 덕분에 제대로 장부를 써야겠다는 반성도 많이 했다.

나의 독립출판은 지속될 수 있을까

처럼 사나? 번역을 할 때는 번역 일이 바빠 창작을 하지 못하는 것이 아쉽고 속상했는데 막상 창작할 시간이 늘어나니 이제부터 무엇을 해야 할지 막막했다. 창작할 시간이 늘어났다는 건 돈벌이가 줄어들었다는 것을 의미하니까. 문득, 내가 꽤 먼 곳까지 와 버렸다는 생각이 들면서 이제부터 진짜 버티기가 시작된 걸지도 모른다는 직감이 들었다.

번역하는 삶도 버티는 삶이 아니었던 것은 아니다. 일감을 얻기 위해 버티고, 일감이 끊이지 않도록 버티고, 일감이 줄어도 버티고… 책도 팔릴 때까지 버티면 되는 걸까? 평화롭게 일상을 이어가고 다양한 모임 및 강의 활동을 하는 듯한 다른 작가들의 인스타그램 사진을 보고 있으면 쉽게 우울감과 박탈감이 찾아왔다. 연대의 필요성을 절감하기도 했다. 속이 답답한데 내 이야기를 들어줄 사람이 없다는 사실에 두 배로 쓸쓸해졌다.

내 주변에는 이런 비슷한 창작 관련 일을 하는 사람이 없다. 즉 새 친구를 사귀어야 한다는 뜻인데, 북페어를 몇 번 나가면서 익숙한 얼굴들은 늘어났지만 진짜 고민과 마음을 나눌 사람은 없었다. 의외로 투명하고 솔직한 성정 때문에 마음의 얼룩을 어떻게든 빼내지 않으면 숨이 막혀 힘들어하는 편인데, 의지할 사람이 없어 너무나 외로웠다. 때마침 아는 작가님이 어떤 프로젝트를 시작해서 응원 차 방문했다가, 그를 위해 기꺼이 찾아와주고 이야기를 나누고 싶어 하는 찐팬들이 많은 걸 보게 되어 부러워 속이 상하기도 했다. 그가 나보다 출판을 먼저, 오래 하면서 쌓아온 시간이 있으니 당연한 것인데도. 이 일을 지속하려면 꾸준히 쓰는 것도 중요하지만 함께하는 이를 찾아 연대를 만들어야 한다는 생각이 물밀듯이 밀려들었다. 이

맘때 식사나 차 한잔 마시자는 연락이 오거나 관련 소모임이 열리면 일정이 허락되는 대로 꼭 참석했다.

모임에 나간다고 바로 친구가 생기면 좋겠지만, 나와 맞는 이를 찾는 일에는 시간이 걸리는 법이다. 경직된 몸과 마음으로 이곳저곳을 오가니 피로감만 커져서 결국 한동안 여러 북페어에 자발적으로 참여하지 않고 글을 쓰지 않았다. 북페어의 경우 신청서를 썼지만 선정되지 않기도 했고 어떤 것은 접수 마감일을 놓치기도 했다. 이러나저러나 혼란스러운 나의 마음이 모든 행동에 반영되었던 것이 아닐까 싶다.

모든 것이 꼬일 대로 꼬인 기분이었다. 그렇다고 당장 바꿀 수 있는 것도 없었다. 다행히 필요한 순간에 사막의 오아시스처럼 일감이 찾아와 불안을 잊을 수 있었지만 언제 또 상황이 변할지 모르는 일이다. 책을 만드는 삶은, 정확히 내 책 내가 내며 사는 삶은 홀로 버티기에 불과한 걸까.

창작과 독립출판을 향한 순수한 열정을 되살리면 돈과 연대가 부족한 이 상황이 조금이나마 해결이 될까. 하지만 첫 마음을 기억할지라도 되돌리는 일은 쉽지 않다. 열정에 현실이 물드는 순간[*]. 이제부터 제대로 버텨야 하는 순간이 찾아온 것 같았다.

---

[*]   본업의 상황도 좋지 않고 그동안 만든 책들이 매일 같이 팔리는 것도 아니고 마땅한 타개책도 없는 사면초가의 순간.

나의 독립출판은 지속될 수 있을까

'뭐든' 하지는 않을래

뭘 어떻게 해야 하지? 아무리 노력해도 이 질문은 머릿속을 쉬이 떠나지 않았을 뿐더러 대답을 내기도 어려웠다. 아니, 사실 답이 있다. 돈 되는 일을 찾아서 돈을 벌고 책으로 만들 만한 것을 찾아서 책을 만들면 된다. 맞는 말인데 이게 말처럼 쉬운 것이 아니라니까…

고민이 머릿속을 둥둥 떠다니던 때, 플랫폼P* 4기 입주사로 선발되었다. 내가 내 손으로 지원했지만 선정 소식을 듣고 나니 걱정이 몰려들었다. 투자로 번 쌈짓돈을 1년 계약금에 보태야 하고, 직선거리 40km밖에 안 되는 마포구는 대중교통으로 출퇴근하면 왕복 3시간이다. 서울 오가는 교통비에 일주일 치 식비는 어디서 마련하며 자잘한 물품 구입비는 어떻게 메꾼담. 하지만 야망도 커졌다. 새 술은 새 부대에 담으라고, 꿈을 펼칠 나만의 공간을 만들고 나니 좋은 책을 내고 싶다는(혹은 좋은 책을 낼 수 있겠다는) 마음이 크게 일렁였다. 책. 그래, 책을 내야 한다. 나는 출판사니까. 출판사는 책을 만드는 곳이니까!

그렇지만 3년 사이에 독립 출판계는 무엇이든 있는 세상이 되었다. 깔끔하고 색다른 디자인은 물론, 매력적인 제본으로 눈길을 사로잡는 출판물도 여럿 등장했다. 하지만 어쩐

---

* 마포구 출판문화진흥센터

지 모든 것이 익숙하다. 비슷한 주제, 비슷한 내용, 비슷한 디자인, 비슷한 분위기, 비슷한 판형. 매일 업로드되는 인스타그램 게시물을 구경하면서 너도나도 할 줄 아는 것이 비슷해지고 있다는 생각이 들었다. 이 안에서 나는 어떤 책을 만들어 가야 할까? 잠깐, 이 고민 얼마 전에도 했었는데… 대체 언제쯤 답을 낼 수 있는 거지?

새 아이디어를 발굴해서 지금까지 해오지 않았던 새로운 방식으로 만들어보자는, 또다시 틀에 박힌 결론을 냈다. 그러나 이것은 나에게 있어 새로운 아이디어를, 내가 지금까지 해오지 않았던 방식으로 만들어보겠다는 뜻이다. 당연한 말이겠지. 나는 이 세상의 모든 기발한 것에 대해 알지 못하니 내가 떠올릴 수 있는 만큼 해 볼 뿐이다.

그런데 어느 날 타인으로부터 왜 틀에 박힌 것을 굳이 따라 하려 하냐는 이야기를 듣고 마음이 무너지고 말았다. 무더운 날씨처럼 텁텁한 마음을 끌어안고 있던 때였다. 제3자의 눈으로 보기에 내가 떠올린 새로운 것은 남들이 다 하는 똑같은 것과 동일했나 보다. 하지만 좋게 말하면 좋은 말이 될 텐데 굳이 날카롭게 표현해야 했을까. 당연히 상대는 자신의 표현 방식이 남을 아프게 할 정도는 아니라고 생각했기에 그리 말했을 것이다.

이 말을 들었을 때의 나는 아주 취약한 상태였다. 새로운 방식으로 이 위기를 타파하겠다고, 뭐라도 하라고 스스로를 다그쳤지만 막상 디자인 및 편집 과정에서 고민되는 부분이 많았고, 가제본에 이러한 마음의 혼란이 고스란히 출력된 것을 보고 크게 당황했다. 일단 해보자는 생각으로 밀어붙였던 일이 나의 의기만큼 따라주지 않아 속상한데, 왜 '사서 뻔한 걸 하냐'는 말을 들으니 모든 게 하기 싫어졌다. 나를 알지도 못하는 사람의 말에 좌지우지 되고 있는 듯한 이 상황도 마음에 들지 않았다.

종일 울었다. 아무것도 안 하고 싶었다. 그다음 날, 휴대폰 하나만 들고 스타벅스로 나갔다. 마실 것과 먹을 것은 생일에 몇 개 받은 기프티콘으로 주문하고 에어팟의 노이즈캔슬링 기능을 실행한 뒤 자신들의 회의 과정을 기록해 올리는 유튜브 <쑥쑥> 채널에 들어가 1화부터 13화까지 연속 재생했다.

예능에서도 영감을 얻는 나는 재밌는 콘텐츠를 거침없이 기획해 낼 것만 같았던 이들의 '걱정 파티'를 보고 큰 위로를 받았다. 무조건 생산적이고 고무적일 거란 예측과 달리 그들의 회의에는 고민과 염려가 난무했다. 괜찮은 아이디어를 향해 좋다, 좋다를 외치다가도 이러저러해서 안 될 것 같다, 비슷한 채널이 이미 있다, 걱정되는 부분이 있다는 의견이 쏟아졌다. 화면 속 큰 회의용 보드에는 만장일치 된 아이템은 하나도 없고, 숙려 및 반려 아이템을 적은 포스트잇만 가득했다.

잘하고 싶어서 그렇구나. <쑥쑥> 채널을 정주행하고 든 생각이었다. 순수하게 잘해보고 싶으니까 이렇게도 해보고 저렇게도 해보려 드는 것이다. 그들의 회의 풍경에 내 모습을 비추어 보았다. 사진집을 해볼까, 새로운 에세이를 써볼까 매일 고민하던 나. 텍스트와 사진이라는 장르를 섞어 새로운 책을 만들어볼 생각에 부풀어 있었지만 막상 출력된 가제본을 보니 두 눈으로 이도 저도 아닌 책이 만들어진 것에 당황한 나. 다른 방식을 모색해 볼까 싶어 찾은 곳에서 도리어 뭘 하고 싶은 건지 다시 생각해 보라는 반문에 얼굴이 새빨개진 나…

　　잘하고 싶어서 이것도 생각해 보고 저것도 생각해 보는 내 모습이 누군가에게는 그저 우왕좌왕하는 사람으로 보일 뿐이다. 맛집에서 1시간을 기다리고도 뭐 먹을지 결정 못 한 손님을 바라보는 피곤한 알바생의 심정이 아니었을까. 내게 아픈 말을 건넨 상대를 조금 이해하게 되었지만, 그렇다고 내게 무안을 줘도 되는 것은 아니었다. 생각이 길어지면 실행이 늦어지므로 오래 고민하는 것이 좋지 않단 걸 알아도, 뭐라도 만들면 그것은 내 이름이 적힌 새 공식 저서가 되며, 대표로서 내 통장에서 나갈 제작비를 생각하지 않을 수 없으니 자기 검열의 끈이 길어질 수밖에 없는 것이다.

　　작가의 우울하고 괴로운 이야기에 사람들이 더욱 깊이 공감하는 이유는 나만 힘든 것이 아니라는 걸 확인할 수 있기 때문이라고 들었다. <쑥쑥> 채널을 통해 사람들이 모두 비슷한 고민과 과정을 안고 살아간다는 사실을 확인한 나는 깊게 들어 있던 마음의 얼룩을 조금 **빼냈다**. 잘 하고 싶은 마음에 내가 깊게 고민하고 있음을 인정하고 토닥여 주었다. 아, 진짜 독립출판 너무 어렵다.

　　지금까지와 다르게 당분간은 '일단 해보지 않기'로 결정했다. 마음이 초조할 때는 더더욱. 머리가 가벼워졌다. 이후 약 일주일간 글쓰기와 책에 대한 생각을 일절 하지 않았다. 마침 감사하게도 번역 의뢰가 들어와 느긋이 글을 옮기며 시간을 보냈다. 하지만 다 울었으면 해야 할 일을 해야 하는 법. 이제부터 어떡해야 할까. 영상 속 그들처럼 나도 나와의 회의를 매일 가져 보기로 했다.

그래도 '뭐든' 해야지

매일 머릿속에서 대책 회의가 열렸다. '뭘, 어째. 뭐든 해야지.'

당장 출판사를 그만둘 수는 없다. 아니, 그만할 생각은 없다. 아직은. 새삼 마주한 현실에 놀라기는 했지만 최대한 배를 타고 멀리까지 나가 보기로 했으니까. 원래는 '남들보다 멀리' 가 보려고 했는데 그건 무리란 걸 깨닫고 '내가 가본 것 중 멀리' 가 보기로 태세를 바꿨다.

요새는 직접 발로 뛰지 않아도 어떤 독립출판물이 쏟아져 나오는지 알 수 있다. 각 서점에서 인스타 피드로 입고 서적을 소개해 주는 데다 인디펍 같은 독립출판물 플랫폼의 신간 페이지만 자주 챙겨 보아도 기발한 아이디어들을 훔쳐볼 수 있다. 직업 이야기, 퇴사 이야기, 여행 이야기, 가족 이야기… 이런 이야기는 원래도 많았는데 계속 더해지는 추세다. 모두가 웬만큼 감성적인 데다 웬만큼 사진 잘 찍고 웬만큼 글까지 잘 쓴다. 이미 나올 이야기 다 나온 것 같다. 모든 사람이 모든 걸 잘하는 상황에, 나는 무엇을 해야 할까?

대책 회의랍시고 사이버 세상을 탐색하고 나니 독립출판도 콘텐츠 업계의 최근 흐름을 따라가는 면이 없지 않은 것 같다는 생각이 든다. 하나의 소재가 히트를 치면 그쪽으로 생산이 집중되는 분위기랄까. 우리의 취향은 고유한 동시에 보편적이기도 해서 남들 눈에 좋아 보이는 건 내 눈에도 좋아 보인다. 독립출판물을 취급하는 서점에는 하루가 멀다 하고 여행 에세이와, 여행 엽서북과, 서른의 이야기와, 이별의 기록이 쌓이고 있다.

사실 나는 이미 남들이 많이 내놓은 책들 사이에 굳이 내 것 하나 보탤 필요가 없다고 생각하는 편이다. 그럼에도 창작 욕구가 들끓으면 앞뒤 안 가리고 만들기는 하지만, 베스트셀러와 비슷한 작품을 만드는 일은, 나는 다를 거란 달콤한 기만에 빠지는 행위 같아 주저한다. 하지만 한 사람은 한 권의 책이라는 진부한 사실처럼, 세상천지에 널린 모녀 여행 이야기도 누군가의 것은 인기가 좋다. 같은 주제일지라도 그것을 쓴 사람이 다르면 완전히 다른 이야기가 되니까. 이렇게 보면 테마가 겹친다고 지레 포기할 것은 아닌 것도 같다. 에세이도 거기서 거기 같지만 그중에서도 튀는 제목과 내용을 가진 것들이 여전히 나오고 있기도 하고.

그러나 이미 딸린 책이 4권인 데다 출판사 신고증과 사업자 등록증과 작업실까지 마련한 사람의 생각은 호기롭지 못하다. 지금은 없는 게 없는 요지경이다. 그 속에서도 참신한 것은 사랑받겠지만 나는 내가 앞으로 만들 것들이 그 참신함의 범주에 속할 수 있을지 모르겠다. 뭣 모르고 시작했던 3년 전이 그립다.

또, 요즘은 기성 출판과 다를 바 없는 정형화된 책이 많다. 옛날에는 작은 책, 긴 책, 동그란 책, 네모난 책, 들쭉날쭉한 책 등 희한한 것들이 많았는데 요즘은 다들 반듯하다. 다들 단

행본 제작에 자신이 있는 걸까? 난 그나마 할 줄 아는 게 이것이라 앞으로도 이걸 해야 할 것 같은데 어쩌지. 이러다가 평범한 내 책은 곧 이 시장에서 사라지는 거 아닐까?

남들 다 하는 거 하지 말고 특별한 걸 시장에 선보여야 한다는 것, 나도 잘 안다. 나도 내가 최선을 다해 내놓은 것이 사람들에게 유별난 것이 되어 주목받기를 원한다. 아니, 실은 내 작품이 '색다른 것'이라는 절반의 믿음이 있다. 나머지 절반은 어차피 대중이 완성하니까. 조금은 불안한 마음으로 이 믿음을 대중 앞에 꺼낼 때 환호를 받게 될지 반성의 시간을 마련해야 할지 판가름 난다.

대책 회의의 결론이 나온 것 같다. 작품을 '대중 앞에 꺼내고 난 뒤'에야 나머지 절반의 믿음이 어느 쪽으로 기울지 알 수 있다면, 창작을 해야 한다. 사람들이 언제 뒤를 돌아 나를 바라봐줄지 알 수 없으므로 조명탄을 계속 쏘아 올리는 것이다. 힘 빠지는 결론 같지만 묘수가 없다. 꾸준히 쓰고, 쓴 것을 엮고, 내가 할 수 있는 가장 예쁜 형태로 제작한다. 튜닝의 끝은 순정이라고, 결국 꾸준히 쓰고 만드는 수밖에 없는 것인가.

그런데 제작을 하려면 돈이 필요하다. 통장에서 꺼내든가 지원을 받아야 한다. 음, 이 모든 고민의 시작은 돈인가? 갑자기 앞으로 내가 만들 책이 인쇄할 만한 가치가 있는지 궁금해진다. 만드는 게 맞는 걸까? 만들면 사람들이 살까? 이번에도 서점에 입고될까? 이 책을 왜 만들려고 했었지? 갑자기 머릿속 대책 회의가 원점으로 돌아가기 시작했다.

그래서, 내가 갈 길은?

양희은 작가의 에세이 <그러라 그래>에서 20년 만에 다시 반려견을 키우게 된 이야기를 읽었다. 이미 두 마리를 떠나보낸 경험이 있는 저자는 그때의 가슴 아팠던 순간을 떠올리며 한때 다시는 강아지를 들이지 않으리라 다짐했단다. 하지만 결국 또 다른 두 마리를 가족으로 맞이하게 되었단 고백을 하면서 이렇게 글을 마친다.

> 수없이 다짐했는데 시간이 지나 이렇게 또 시작을 하고야 말았다. 그러게, 세상에 절대 어쩌구저쩌구라는 약속일랑 하지 말 일이다. ...(중략)... 56세의 나와 59세의 남편이 강아지를 쫓아다니는 일은 좀 버거웠다. 목욕시키는 일 등 여러 가지가 벅찼지만 그럼에도 작은 변화가 생겼다. 엄마 말을 빌리자면 미미와 보보가 오고 나서 내 목소리가 밝아지고 톤이 높아졌단다.
>
> 사람은 모름지기 좋아하는 것을 하고 살 일인가 보다. 강아지를 키우는 일이 내게 그렇다.

초가을 밤, 저자의 이야기를 읽고 나에게 물었다. 나도 결국 이 일을 좋아하는 걸까? 그게 결론일까? 기록하는 일은 좋아하지만, 사실, 출판하는 일 자체는 그렇게 좋아하지 않는 것 같다. 작가 활동을 하고 싶은 것이지 인쇄 및 유통을 비롯한 출판 제반의 과정을 빠삭하게 알고 싶은 건 아니다. 그래도 직접 책 짓는 감각은… 조금 즐겁다. 아이고. 이제는 내가 이 감각을 사랑하는 건지 헷갈린다.

생각이 여기까지 미치자 당장 글을 쓰고 싶어졌다. 구상 중인 소설도, 사진집도, 에세이도 아닌 고백서를. 정신없이 내 고민을 적고 나니 어느 북페어에서 만난 손님의 질문처럼, '굳이 이걸 책으로 만들려는 이유'가 뭔지 궁금해졌다. 쪽 팔리는 얘기뿐이잖아. 스스로에게 물었다. 이거, 왜 써?

독립출판 현실을 궁금해하는 이에게 내 이야기를 들려주면서 나와 같은 고민을 가진 이와 공감하고자 하는 목적만으로 괜찮지 않을까. 결국 또 무언가를 끄적이고 있는 나는 이 일을 좋아하………긴 하는 것 같다. 하지만 '그럼에도 불구하고 나는 이 일을 사랑한다' 같은 말로 결론을 내고 싶진 않다. 그건 뭐랄까, 지는 기분이다. 돌이킬 수 없는 시간이 아까워 출판을 못 놓는 건지도 모르고.

도망치기엔 멀리 온 것 같다. 그래서, 이제부터 진짜 어떡하지?

독립출판을 지속하고 싶은 나에게 질문해 볼 것

- ⚪ 글 쓰는 일을 지속하고 싶은지
- ⚪ 때때로 마음이 짓눌러도 책 짓는 삶에 자족할 수 있을지
- ⚪ 어떤 작업을 이어가고 싶은지
- ⚪ 나의 컬러와 스타일은 무엇인지
- ⚪ 제작비 및 마케팅 비용 어떻게 마련할지
- ⚪ 함께할 친구들을 찾아나설 용기가 있는지
- ⚪ 이 책은 어디서 어떻게 끝까지 팔 건지

| 지은이 | 정재이 |

번역을 하고, 글을 쓰고, 책을 만드는 사람……이고 싶은 사람. 앓고 앓은 마음들을 글로 풀어내곤 한다. <번역가로 지내는 중입니다>, <HOW ARE YOU TODAY>, <2년 만에 비행기 모드 버튼을 눌렀다>, <내가 사랑한 화요일>, <갑자기, 호찌민> 등을 썼다.

@jaeitamin_

나의 독립출판은 지속될 수 있을까 - 독립출판 입문 3주년 고백서

| 1쇄 | 2024년 10월 18일 |
| 발행 | 2024년 10월 18일 |

지은이	정재이
발행인	정승연
펴낸곳	정재이프레스
인스타그램	@j.jaeipress
전자우편	j.jaeiofficial@gmail.com

| ISBN | 979 11 982618 1 6 |